Costruire e alimentare
l'IDENTITÀ ONLINE

reputazione web
Controllo tutela valorizzazione

un'bralgiorno

MAGICNET.IT

toDO
REPUTATION

★ Punto 1. Costruire un marchio

★ Punto 2. Costruire credibilità

★ Punto 3. Coltivare il pubblico

un'bralgiorno #7TIPS MAGICNET.IT

toDO
REPUTATION

Scopri il processo per costruire la tua identita', come costruire un marchio, mantenere credibilità e coltivare il pubblico

La domanda è: "**Qual è il vostro marchio personale?**"
Perché il marchio personale è importante?

Qualsiasi cosa può essere un marchio
Siamo abituati a pensare ai marchi in relazione alle aziende e ai prodotti (ad esempio, CocaCola o Apple), ma al giorno d'oggi tutto può essere un marchio.

Anche come individuo si possiede un marchio personale.

un'oralgiorno   #7TIPS   MAGICNET.IT

toDO
REPUTATION

La domanda è: "Qual è il vostro marchio personale?"
Sia che siate noti per i vostri scatti o che stiate ancora usando la macchina da scrivere, siete già identificati da un marchio, sia online che offline.

Fortunatamente, esistono molti strumenti per migliorare il processo di branding personale.

Vere e proprie risorse da utilizzare per lasciare la giusta impressione su chi vi cerca online.

L'idea del personal branding mette alcune persone a disagio.

Ma se non prendete il controllo, allora perderete delle opportunità, lasciando che siano altri a raccontare la vostra storia.

Abbiamo creato questa guida per aiutarvi nel processo di costruzione del vostro marchio personale online.

Le circostanze e gli obiettivi specifici variano da individuo a individuo, ma i concetti generali e il processo sono rilevanti per tutti.

un'bralgiorno   #7TIPS   MAGICNET.IT

toDO
REPUTATION

Perché il marchio personale è importante
Quando si tratta di costruire un marchio personale, alcune persone interpretano il processo come troppo lungo o meno importante.

È vero, si dovrà dedicare tempo ed energia con metodo e costanza e in modo corretto, ma scopriamo perché è necessario:

le persone vi cercheranno sempre su Google, sia che voi stiate ancora studiando, sia che lavoriate da poco o da molti anni.

Il consiglio è essere su Google con le giuste informazioni in ogni fase della vostra carriera.

Indipendentemente dall'età o dalla vostra fase professionale, qualcuno vi sta già esaminando online.

E ciò che troveranno potrebbe avere importanti implicazioni sia per il vostro benessere professionale che personale.

MAGICNET.IT

toDO
REPUTATION

Considera i numeri secondo CareerBuilder, leader assoluto nelle soluzioni di Human Capital e Recruiting online

"Più della metà dei datori di lavoro non assumerà potenziali candidati senza una qualche forma di presenza online.

"Più della metà dei consumatori ha scelto di fare affari con un freelance o un'azienda grazie a una forte e positiva presenza online.

A parte i numeri, il motivo più importante per concentrarsi sul personal branding è quello di aiutare se stessi.

Indipendentemente dal vostro settore o dal vostro status professionale, il vostro marchio personale ha il potere di creare o dissolvere ogni tipo di opportunità di avanzamento.

un'bralgiorno   #7TIPS   MAGICNET.IT

toDO
REPUTATION

La costruzione del vostro marchio comporterà un investimento in termini di risorse, tempo e sforzi.

Costruire e ottimizzare nuovi profili, generare contenuti, identificare gli obiettivi, costruire una strategia di marca... che con una buona pianificazione renderà l'intero processo gestibile.

Se non state già gestendo correttamente la vostra reputazione online, allora state attivamente perdendo business.

Distinguetevi dalla concorrenza e prendete il controllo del vostro marchio personale con il seguente approccio:

un'bralgiorno   #7TIPS   MAGICNET.IT

toDO
REPUTATION

Il processo per costruire un marchio personale
Abbiamo stabilito che il personal branding è il processo di presentazione di se' stessi.

Deve essere continuo, costante e misurato.

Non occorre necessariamente diventare influencer di primo piano su instagram o TikTok.

Gli obiettivi e le specifiche sono diversi per tutti.

Di seguito abbiamo raccolto i consigli più importanti su come costruire un marchio personale di successo a lungo termine.

L'intero processo può essere suddiviso in 3 punti:

★ Punto 1. Costruire un marchio

★ Punto 2. Costruire credibilità

★ Punto 3. Coltivare il pubblico

un'bralgiorno   #7TIPS   MAGICNET.IT

toDO
REPUTATION

Punto 1: Costruire un marchio

Quando qualcuno vi cerca online, vuole trovare contenuti freschi nell'area di competenza e occorre una presenza online che rafforzi le qualifiche.

È necessario:

- ★ Controllare i risultati della ricerca
- ★ Pulire qualsiasi contenuto che non corrisponde all'immagine desiderata
- ★ Definire se stessi e il proprio marchio personale
- ★ Costruire una presenza online che rifletta il marchio
- ★ Delineare e rafforzare le competenze
- ★ Seguire una strategia di branding personale e rispettare le linee temporali
- ★ Verificare i risultati

Controllare i risultati della ricerca

Prima di iniziare a costruire un marchio personale, è necessario conoscere la propria posizione nei risultati di ricerca. Cercate voi stessi su Google, in modo da sapere cosa vedono gli altri quando vi cercano.

È importante identificare quali risultati di ricerca collegati a voi possono danneggiare la vostra reputazione. Quando la situazione emerge, è possibile elaborare un'efficace strategia di branding personale.

un'bralgiorno   #7TIPS   MAGICNET.IT

toDO
REPUTATION

Pulire i contenuti non corrispondenti all'immagine desiderata

Sbarazzatevi di tutto ciò che non si adatta alla vostra visione personale.

Quell'esibizione al karaoke per il vostro diciottesimo compleanno, ad esempio:
sì, vi siete divertiti, ma potrebbe essere il momento di eliminarne la pubblicazione se cercate di diventare partner di una delle migliori società di marketing.

A volte la pulizia può essere dura, anche se non siete particolarmente attivi sui social media. Questo perché c'è sempre la possibilità che un'immagine, un post o un commento di anni addietro, magari nemmeno scritto o pubblicato da voi,
possa sabotare la vostra strategia di personal branding.
I tipi di post / immagini / commenti, identificati come i più dannosi possiamo distinguerli tra:

- ➢ Comportamento non professionale
- ➢ Stile di comunicazione non professionale
- ➢ Alcool o droghe
- ➢ Comportamento criminale
- ➢ Visioni distorte/estremiste legate a politica, religione, razza e genere
- ➢ Contenuto sessualmente esplicito
- ➢ Violenza o bullismo

MAGICNET.IT

toDO
REPUTATION

Definire se stessi e il proprio marchio personale
Dopo aver ripulito si può cominciare a pensare alla costruzione del marchio personale online identificando gli **elementi** che **rendono unici**.

Le domande da porsi sono semplici.

- Chi siete?
- Cosa vi rende unici?
- Qual è la vostra visione del vostro marchio personale?
- Qual è il vostro obiettivo con il personal branding?
- Quali sono i vostri obiettivi professionali?
- Chi è il vostro pubblico?
- Chi potreste aiutare?
- Chi potrebbe aiutarvi?
- Cosa vi rende diversi?
- Qual è il vostro punto di forza?
- Cosa vi rende affidabili?
- Come potreste dimostrarlo?

Oltre a trovare le giuste **risposte**, occorre preparare del **materiale** di supporto per **rafforzarle**.

un'bralgiorno   #7TIPS   MAGICNET.IT

toDO
REPUTATION

Mettere in mostra abilità e risultati
Avete appena finito di pensare ai vostri obiettivi e a cosa vi differenzia dagli altri.

Ora è il momento di affinare la presentazione delle qualità.

E' possibile procedere in diversi modi:

- Scrivere i risultati che vi rendono orgogliosi
- Elencare momenti in cui gli altri hanno riconosciuto pubblicamente i vostri meriti
- Pensare a quando hanno riconosciuto il vostro lavoro in privato

Sia che stiate costruendo un marchio personale, che stiate cercando lavoro o semplicemente cercando di aumentare la vostra rete di vendita o il potenziale guadagno, prendetevi un po' di tempo per sviluppare gli argomenti.

Pensate in modo olistico 1) a ciò che state progettando e all'impressione che volete lasciare a chiunque vi cerchi online.

Preparate una descrizione dettagliata e una sintetica del vostro marchio personale e della vostra biografia. Utilizzate differenti versioni su profili e social.
Questo modo di differenziare con coerenza il proprio marchio, attraverso contenuti unici disponibili su diverse piattaforme, è interessante sia per gli utenti che per i motori di ricerca.

1) http://webcrew.it/marketing-olistico-kotler/

un'bralgiorno   #7TIPS   MAGICNET.IT

toDO
REPUTATION

Costruire una presenza online che rifletta il marchio
A questo punto dovreste aver individuato:

- Il perimetro del vostro marchio personale
- Gli obiettivi di personal branding a breve e lungo termine
- Le vostre qualità uniche, talenti, aree di competenza
- I vostri successi

Una volta terminato questo fondamentale riepilogo, è il momento di iniziare a costruire una presenza online che le persone possano trovare facilmente e che trasmetta una grande impressione.

Ciò implica seguire un processo in 3 fasi
a. costruire una solida base di siti e profili
b. ottimizzare per i motori di ricerca
c. mantenere i contenuti nel tempo

MAGICNET.IT

toDO
REPUTATION

a. Costruire una solida base di siti e profili

Per avere una forte presenza online, dovete costruire i siti e i profili che desiderate che le persone trovino. Ovvero una giusta combinazione tra siti personali e profili professionali.

Che aspetto ha una solida base?
➢ 1 sito web personale - 8/10 profili professionali

È necessario crearli perché ogni pagina dei risultati di ricerca in genere mostra almeno dieci risultati. Prendendo il controllo di piu' proprietà, hai la possibilità di curare i risultati chiave nella prima pagina di Google.

Cosa vale un marchio personale senza visibilità?

Quando scegli quali profili creare per la tua base di personal branding, il suggerimento è di selezionare dal seguente elenco:

➢ LinkedIn
➢ Twitter
➢ Facebook
➢ YouTube
➢ BrandYourself
➢ Vimeo
➢ WhatsApp
➢ Tumblr
➢ SlideShare
➢ Medium
➢ About.me
➢ CrunchBase
➢ Pinterest
➢ Quora
➢ Instagram
➢ TikTok

un'bralgiorno   #7TIPS   MAGICNET.IT

toDO

REPUTATION

b. Ottimizzare per i motori di ricerca

Ottimizzate i siti esistenti e i profili di social media che controllate per i motori di ricerca e per le persone che vi cercano online.

Come?
- Usate il vostro nome completo su tutti i profili e domini
- Compilate completamente tutti i profili
- Includete la vostra posizione quando possibile
- Utilizzate parole chiave rilevanti nei meta
- Approfittate dei tag h1

MAGICNET.IT

toDO
REPUTATION

c. mantenere i contenuti nel tempo

Le fasi della creazione del marchio personale che abbiamo identificato sono:

- Costruzione
- Revisione
- Pulizia
- Ottimizzazione
- Creazione di contenuti
- Monitoraggio

Nella maggior parte dei casi, Google e altri motori di ricerca impiegano del tempo per indicizzare i profili. In genere, l'indicizzazione richiede da 2 a 6 settimane.

L'ottimizzazione per i motori di ricerca e il personal branding fanno parte di una strategia che dipende da un aggiornamento costante e dal coinvolgimento regolare tra diverse piattaforme.

Si notano cambiamenti incrementali nel tempo: anche se all'inizio può essere frustrante, è molto comune quando si utilizzano strategie di personal branding e SEO adeguate. Seguite le migliori pratiche e lavorate per la salute a lungo termine della vostra presenza online!

MAGICNET.IT

toDO

REPUTATION

Punto 2 Costruire credibilità

Usate il vostro marchio per ottenere posizionamenti credibili in pubblicazioni e canali di terze parti per aumentare la notorietà.

Oltre alla creazione di contenuti che pubblicate su siti e profili che controllate, è fondamentale mostrare agli altri (e ai motori di ricerca) di essere rilevanti e competenti. Pubblicare su piattaforme rispettate e di alta qualità aiuta a stabilire questo tipo di credibilità.

a. Scrivere contenuti strategici nei posti giusti

Man mano che ci si abitua alla creazione di contenuti (post di blog, immagini, infografiche, video, clip audio o podcast, presentazioni, aggiornamenti di stato, ecc.), occorre pubblicarli nei luoghi in cui si trovano gli interessati al proprio settore di competenza.

Se questo significa pubblicare su LinkedIn, Medium, oppure un sito di nicchia specializzato in un particolare aspetto del vostro campo, fatelo!

Trovando il vostro pubblico, avete l'opportunità di creare e condividere qualcosa direttamente con le persone interessate.

E non abbiate paura di contattare altri leader ben considerati nel vostro settore per vedere se il vostro lavoro può apparire anche sui loro siti e profili.

MAGICNET.IT

toDO

REPUTATION

b. Come costruire il marchio con il posizionamento di terze parti

Quando iniziate la Campagna di personal branding, provate una combinazione di presentazione a terzi e diffusione dei contenuti.

Quando si tratta di blog di terzi o di creazione di nuovi contenuti per un'altra piattaforma, considerate i seguenti punti:

- ★ Comprendete il pubblico e i contenuti che si trovano sulla piattaforma
- ★ Scegliete i contenuti più performanti
- ★ Replicate gli aspetti che hanno ottimizzato le prestazioni

Far apparire i vostri contenuti altrove attraverso pubblicazioni di terzi espone il vostro marchio personale a un altro pubblico e offre un nuovo livello di credibilità.

Qualcuno che ripubblica il vostro lavoro svolge una funzione simile.

Il punto centrale è la visibilità e la credibilità del marchio.

un'bralgiorno   #7TIPS   MAGICNET.IT

toDO
REPUTATION

c. Analisi dati
Tenete traccia del riscontro che i contenuti ricevono su piattaforme diverse.

Provate a riconoscere dei modelli nel tipo di contenuti:

cercate di capire perché alcuni rendono bene su alcune piattaforme e non su altre.

Considerate quale giorno della settimana e a che ora avete pubblicato i contenuti. Usate gli strumenti a vostra disposizione per vedere se siete in grado di ricreare quei messaggi di successo ed evitare quelli che hanno ricevuto pochi riscontri.

d. Organizzazione
Oltre a utilizzare diversi strumenti per analizzare le prestazioni degli articoli, aggiornamenti, tweet, commenti, video, foto, che state pubblicando, considerate l'uso di strumenti di gestione dei social media per semplificarvi l'operatività quando si tratta di condividere i contenuti in modo coerente.

Anche se la pubblicazione organica è importante, non abbiate paura di facilitarvi il compito utilizzando strumenti che potenziano la pianificazione.

un'bralgiorno   #7TIPS   MAGICNET.IT

toDO
REPUTATION

e. Determinare il pubblico

Domandarsi prima di tutto:

★ Chi è il vostro target di riferimento?
★ Dove si trova il vostro pubblico?
★ Che mezzi utilizza per entrare in contatto?
★ Che tipo di contenuto gli interessa?

Una volta identificato questo, potrete accelerare la vostra campagna di branding personale.

Fate risaltare il vostro marchio ottenendo riconoscimenti o anche solo citazioni da parte di rispettabili leader del vostro settore. Chi ha davvero potere quando si tratta di esposizione e approvazione del vostro marchio?

Guardate alle persone del vostro settore che hanno un grande successo e sono visibili sui social media. Ma cercate anche le migliori piattaforme per connettervi con il vostro pubblico.

La creatività, quando si tratta di chiedere aiuto agli influencer di settore, è la prima cosa.

MAGICNET.IT

toDO

REPUTATION

f. Iniziare con chi si conosce

Non tutti quelli che conoscete sono da considerare "membri strategici del pubblico".

Tuttavia, c'è una buona probabilità che conosciate già molte persone interessate alla vostra area di competenza, quindi assicuratevi di connettervi con loro anche online, dal momento che avete già sviluppato un rapporto nella vita reale.

Tenete traccia di questi attori chiave perché potreste avere contenuti speciali, tag o menzioni, informazioni od opportunità da condividere con loro mentre state costruendo il vostro marchio personale.

E a loro volta questi potranno condividere il vostro marchio con altre persone interessate che conoscono.

Questo è un aspetto molto importante della costruzione del pubblico.

MAGICNET.IT

toDO
REPUTATION

g. Connettiti con gli influencer attraverso i social media e le pubblicazioni

Trovate influencer e mentori che siano in linea con ciò che state cercando di realizzare. Connettetevi con loro e seguiteli utilizzando gli strumenti di branding personale a vostra disposizione.

Un punto di partenza facile è guardare il profilo di un leader di pensiero che ammirate e fare una ricerca su Google per trovare i migliori influencer all'interno di un dato settore.

Oltre a connettervi con chi riesce a raggiungere obiettivi simili ai vostri, assicuratevi di collegarvi anche con testate, forum e fonti di notizie specifiche del vostro settore, prestando attenzione al tono e al tipo di contenuto che vi viene pubblicato.

MAGICNET.IT

toDO

REPUTATION

Punto 3: Coltivare il pubblico

Create contenuti unici e di alta qualità per impressionare positivamente il vostro pubblico e vincere più opportunità professionali.

Non potrete mai sapere con esattezza come e quando un contenuto pubblicato potrebbe risuonare presso un potenziale partner commerciale, cliente o dipendente, quindi continuate a farlo. Le possibilità sono molteplici:

Offerte di lavoro // Blog // Interviste // Promozioni

Se si sceglie di non sviluppare costantemente il proprio marchio personale e di impegnarsi online, si sceglie di limitare il potenziale di crescita della propria carriera.

Se non avete il talento e il giusto impulso per sostenere il vostro marchio personale, nessuna opportunità presentata dal vostro pubblico potrà durare.

Ma se avete le competenze… perché non aprire quante più porte possibili per voi stessi? E questo inizia con il personal branding, collegandosi attivamente e costruendo il vostro pubblico.

un'bralgiorno   #7TIPS   MAGICNET.IT

toDO
REPUTATION

Quando si tratta di sviluppare il vostro marchio personale, la visibilità è una necessità. Oltre ai passi iniziali suggeriti nel terzo punto, fate un piano coerente e continuo per garantire il "riconoscimento del marchio personale".

Anche in questo caso, i passi che potete fare per aumentare la vostra visibilità online lavorando strategicamente con il vostro pubblico includono:

- ★ Sensibilizzazione
- ★ Networking
- ★ Impegno continuo
- ★ Creazione di contenuti
- ★ Linkbuilding
- ★ Strategia avanzata per parole chiave

Questo processo unisce le migliori pratiche e una strategia comprovata per creare un marchio personale che metta in evidenza i vostri punti di forza e aumenti il vostro potenziale di guadagno.

un'bralgiorno #7TIPS MAGICNET.IT

toDO
REPUTATION

★ Sensibilizzazione Si riferisce al contatto con persone, organizzazioni, fonti di notizie,che potrebbero essere interessate a voi e al vostro lavoro. Il vostro obiettivo è quello di creare "brand awareness", ovvero la notorietà del marchio.

★ Networking Quando fatto bene, il networking consiste nel creare una connessione sincera con un'altra persona che può poi svilupparsi in una relazione reciprocamente vantaggiosa.

Concentratevi sulla ricerca di buone persone che lavorino sodo, che rispettate e che potrebbero avere qualche attinenza con il vostro settore o con la professione che desiderate. Seguite con attenzione ciò che stanno facendo.

Trovate eventi nella vita reale o online rilevanti per il vostro settore e parlate con i partecipanti. Alcuni eventi possono includere:

➢ Discorsi di un leader
➢ Eventi di beneficenza gestiti da colleghi
➢ Aperture di gallerie con argomenti rilevanti
➢ Forum online
➢ Gruppi di interesse sui social media.

Questi sforzi verranno sempre ripagati in termini di personal branding. Il vostro marchio dovrebbe alimentare la vostra rete e viceversa.

un'bralgiorno   #7TIPS   MAGICNET.IT

toDO
REPUTATION

★ Impegno continuo
Pubblicare contenuti di alta qualità non è sufficiente.

Per mantenere l'interesse del pubblico esistente e attirare più persone verso il vostro marchio, dovete impegnarti regolarmente su queste piattaforme.

Rispondete ai commenti, alle domande e ai contenuti rivolti a voi dal vostro pubblico sono se avete la competenza necessaria, diversamente coinvolgete (taggate), un vostro contatto competente invitandolo alla risposta. Avrete creato una situazione win-win.

Se i diversi modi con cui le persone possono interagire con voi online non sono facilmente riconoscibili, allora il vostro marchio potrebbe risultare inaccessibile.

Non dovete elaborare lunghe risposte a ogni singolo commento sulla vostra pagina Facebook, ma rispondete sempre, quando vi è possibile. E se notate tendenze generali nelle domande e nei post, fateci caso e rispondete pubblicamente.

Oltre a coinvolgere direttamente il vostro pubblico in crescita, impegnatevi pubblicamente con le persone e le fonti di notizie che sono di spicco nel vostro settore.

Dai commenti sugli articoli al retweet delle persone che ammirate, è importante che dimostriate di essere attivi nelle conversazioni che interessano il vostro settore.

un'bralgiorno #7TIPS MAGICNET.IT

toDO
REPUTATION

★ **Creazione di contenuti**

Quando si tratta di sviluppare un marchio personale, è d'obbligo aggiornare regolarmente i vostri profili e siti web con nuovi contenuti.

La creazione coerente dei contenuti ha un impatto positivo su tre canali della vostra strategia globale di branding personale:

- Ottimizzazione dei motori di ricerca
- Sviluppo personale del marchio
- Coinvolgimento e crescita del pubblico

Da un punto di vista SEO, i contenuti di alta qualità sono premiati in termini di indicizzazione. Nel corso del tempo, questo si traduce in un aumento dell'autorevolezza.

I siti che i motori di ricerca riconoscono come qualitativamente idonei, infatti, superano la concorrenza, venendo pubblicati per primi: ciò significa che quando le persone cercano online, hanno più probabilità di cliccare prima sul link di un sito autorevole, rispetto a quelli che si trovano al di sotto di esso.

Ecco perché la pubblicazione periodica di contenuti di qualità e una buona indicizzazione sono fondamentali.

un'bralgiorno   #7TIPS   MAGICNET.IT

toDO
REPUTATION

★ Linkbuilding

Incrementando il vostro pubblico con il personal branding, aumentate anche le opportunità di link building.

La Link building è una tattica di ottimizzazione per i motori di ricerca in cui si cerca di aumentare il numero di link pubblicati da fonti esterne che rimandano al vostro sito web o profilo social.

Il valore di questi link aumenta in base all'autorità del sito che si collega a voi. Il link può rimandare alla vostra home page come a una pagina interna.

★ Strategia avanzata per parole chiave

Quando si tratta di catturare il vostro target di riferimento e di far crescere il vostro marchio personale, non esitate a ricorrere a una strategia per parole chiave.

Usate strumenti come Google Adwords per creare un elenco di parole relative al vostro marchio personale e al vostro settore. L'utilizzo di strumenti come questi vi permette di indagare il volume di ricerche per parole chiave specifiche.

Scegliendo attentamente gli argomenti del contenuto e ottimizzando quest'ultimo in modo corretto, è probabile che ottenga un buon posizionamento.

un'bralgiorno #7TIPS **MAGICNET.IT**

toDO
REPUTATION

Quando parliamo di "reputazione" ci riferiamo alla creazione e alla promozione di ciò che voi rappresentate.

Il vostro marchio personale è la combinazione unica di competenze ed esperienze che vi rende voi stessi.

L'attività prevede l'**analisi iniziale** e la definizione del piano di **intervento, il monitoraggio** dei risultati e la **pianificazione** di eventuali azioni correttive stabilite sulla base di dati oggettivi.

Analizzare le informazioni presenti in rete con l'aiuto di software e tool;
Raccogliere i dati nel web per comprendere quale sia l'opinione diffusa;
Verificare i risultati di ricerca legati al nome;
Distinguere le voci positive da quelle sgradite per amplificare le prime e migliorare le seconde;
Definire obiettivi e pubblico di riferimento per decidere quali caratteristiche comunicare;
Pianificare operatività allo scopo di correggere e valorizzare la reputazione, in base agli obiettivi;
Realizzare analisi periodiche per valutare l'andamento della reputazione e il rapporto con gli utenti.

un'bralgiorno #7TIPS MAGICNET.IT

toDO
REPUTATION

In conclusione, per realizzare un marchio personale online che evidenzi la vostra esperienza dovete assicurarvi che le persone vi trovino quando cercano vostre notizie su Google.

- Create contenuti positivi che vi posizionino come leader di pensiero
- Costruite un pubblico per amplificare le possibili opportunità
- Cercate contenuti dannosi nel web e mitigatene il più possibile l'impatto

Analizzate i progressi man mano che la vostra reputazione online migliora nel tempo e ponete rimedio in caso di errori.

Buon lavoro!

Electra Nadalini   whatsapp 3338543635
elly@magicnet.it   skype electra.nadalini

un'bralgiorno   #7TIPS   MAGICNET.IT

Myto
DO
REPUTATION

E ora tocca a te!

_____
_____
_____
_____
_____
_____
_____
_____
_____

Lascia una recensione! Soprattutto se ti e' piaciuto!

un'oralgiorno   #7TIPS   **MAGICNET.IT**

toDO
REPUTATION

magicnet.it

un'bralgiorno   #7TIPS   MAGICNET.IT